세계인물전

베토벤

KB207915

드루주니어

KADOKAWA MANGA GAKUSHU SERIES MANGA JINBUTSUDEN
BEETHOVEN IKIRU YOROKOBI WO TSUTAETA SAKKYOKUKA

©KADOKAWA CORPORATION 2019
Korean Translation Copyright © 2023 by Korean Studies Information Co., Ltd.

First published in Japan in 2019 by KADOKAWA CORPORATION, Tokyo.
Korean translation rights arranged with KADOKAWA CORPORATION, Tokyo through Eric Yang Agency Inc, Seoul.

일러두기

이 책은 어린이에게 인물의 삶을 들려줌으로써, 사유하는 힘과 논리력을 길러주기 위한 목적으로 기획되었습니다. 다만, 원서 특성상 해당 인물을 바라보는 일본인의 시각이 다소 반영되어 있음을 밝힙니다. 인물을 바라보는 시각은 나라별로 다를 수 있습니다. 드루주니어 편집부는 이를 인지하고 있으며, 인물에 대한 평가와 역사적 맥락이 유관하다는 관점에 공감합니다. 편집 과정에서 우리나라 정서와 맞지 않거나 어린이에게 부적절하다고 판단되는 부분은 최대한 완곡하게 교정했습니다. 그러나 일부 페이지는 인물에 대한 평가를 다양한 층위에서 논의하고, 어린이 스스로 생각하는 힘을 기를 수 있도록 원서의 내용을 살려 편집했습니다. 따라서 이 책에 서술된 내용은 우리나라에서 연구된 인물의 역사적 사건 및 생애와 비교했을 때 약간의 차이가 존재할 수 있습니다. 교육 자료로 활용하시거나 아동이 혼자 읽는 경우, 이와 같은 부분에 지도가 필요할 수 있음을 당부드립니다.

가족

마리아

베토벤의 어머니. 베토벤을 언제나 자상하게 지켜봄

요한

베토벤의 아버지. 궁정에서 테너 가수로 일함. 어린 베토벤에게 음악을 가르침

기대

모차르트

베토벤의 목표였던 음악가. 모차르트를 만나기 위해 빈으로 첫 유학을 떠남

동경

부모

제자

스승

네페

궁정 오르가니스트이자 작곡가. 베토벤에게 피아노와 작곡을 가르침

조카

삼촌

카를

동생 카스파의 아들. 동생이 죽고 나서는 베토벤이 양육함

피아노 선생님

첫사랑

루트비히 판 베토벤

어려서부터 음악을 배우며 수많은 명곡을 만든 위대한 작곡가

제자

스승

하이든

'교향곡의 아버지'라고 불리는 위대한 작곡가. 베토벤을 제자로 들임

독일 본의 명문 귀족 브로이닝가 장녀 베토벤에게 피아노를 배움

엘레오노레

스승

제자

마리 앙투아네트

오스트리아 군주 마리아 테레지아의 딸이자 프랑스 국왕 루이 16세의 왕비. 프랑스 혁명으로 처형됨

나폴레옹

프랑스 제1제국의 황제. 베토벤이 〈교향곡 3번〉'영웅'을 작곡하는 계기가 된 인물

리스

베토벤의 제자. 베토벤에게 바이올린을 가르쳤던 프란츠의 아들

하루 한 권 학습만화 8
세계인물전

베토벤

절망 속에서도 음악을 포기하지 않았던, 위대한 작곡가

목차

【감수】
히라노 아키라(HIRANO Akira)
음악 평론가 · 전 게이오기주쿠대학 교수

【표지 그림】
가마타니 유키(KAMATANI Yuhki)

【본문 그림】
시마카게 루이아(SHIMAKAGE Ruia)

웅성

웅성

웅성

오늘은 베토벤의 새로운 교향곡을 들을 수 있다고 하더군!

엄청 기대돼!

전설의 위대한 작곡가

1824년 5월 7일 오스트리아 빈, 케른트너토르 극장

이곳은 18세기 초에 건축된 궁정 극장이다.

음악의 수도라는 명성에 걸맞게, 빈의 시민들은 자주 이곳을 찾았다.

몸 상태도 좋지 않다던데…

그런데 아직 슬럼프를 못 벗어난 것 같지?

나이도 있으니까.

오랫동안 청각 장애에 시달렸고, 체력이 약해졌다는 이유였다.

베토벤은 수많은 명곡을 발표했고

빈의 시민들로부터 존경받던 위대한 작곡가였지만, 사람들 사이에 그가 곧 은퇴한다는 소문이 돌았다.

곧 공연이 시작될 참이었다.

이제 베토벤의 시대는 막을 내린 걸세!

하하하

와하

와아아

문이 열렸어!

끼익

들어 온다!

비틀...

베토벤은 청력을 거의 잃은 상태였다.

연주회를 위해서는 도움이 필요했고, 이날은 친분이 있는 움라우프가 함께 나와 지휘를 하며 베토벤을 도왔다.

루트비히 판 베토벤
53살

미하엘 움라우프
42살

스윽

베토벤이 나왔어!

8

9

서 있는
모습마저도
힘겨워
보이는군.

...엄청
쇠약해
지셨어.

지휘는
다른 사람이
하는 거죠?

콰
앙

다녀
왔소!

요한
베토벤의 아버지

오늘도
고생
많으셨어요.

...

네.
근데
아직은
...

이제
어느
정도는
칠 수 있게
된 거냐?

베토벤의
아버지
요한은
궁정에서
테너 가수로
활동했다.

털
썩

한번
쳐봐.

아니
요…

고작
그거 밖에
못 해?

어…

아직도 발전이 없으니까 이러는 거 아니냐.

억울해?

네 할아버지는 훌륭한 궁정 악장이셨다.

너에겐 그런 할아버지의 피가 흐르고 있지.

루이, 명심하거라.

요한은 대를 이어 궁정 악장이 되지 못했다.

절대 아빠처럼 실패하지 말거라.

그러니 할 수 있다!

너는 천재적인 재능을 타고났어!

천재?

귀족 자제를 가르치는 일과 테너 가수의 수입만으로는 먹고살기 어려웠다.

음악적인 재능은 물려받았기에 궁정의 악단에서 음악을 가르치고 있었지만

털썩...

결국 물려받은 유산을 쓰며 겨우 생계를 유지할 수밖에 없었다.

루이, 오늘은 그만 자자꾸나.

....응.

끼익...

나는 천재가 아니야...

그런데 아빠.

20

엄마

나 정말 매일매일 열심히 연습하고 있는데

아빠는 왜 나를 인정해 주지 않을까?

아빠도 분명 알고 계실 거야.

오늘도 칭찬해 주셨잖니!

나는 천재가 아니라니까!

괜찮아, 괜찮아 루이.

아니야 엄마!

아무리 연습해도 인정받지 못하는걸.

이제 아빠 앞에서 피아노 안 칠래.

그러나 이후로도 요한은 베토벤에게 혹독한 연습을 요구했다.

1778년 3월
쾰른

7살이 된
베토벤.

이렇게
많은 사람들이
내 연주를
들으러
왔다니…

실수하지
않게 조심
해야겠어…!

그가
난생 처음
연주회를
여는 날
이었다.

※당대에는 격식 차린 옷을 입을 때, 가발도 함께 착용했음

7살에 여는
첫 연주회는···
아무도 놀라지
않겠지.

화제도
안 될
테고.

천재 음악가
모차르트는
6살에 연주회를
처음 열었어.

그러나 요한은
베토벤의 나이를
6살이라 속였고,
모차르트의
첫 공연 때와
같은 나이라며
거짓*으로 알렸다.

※베토벤은 20살이 지난 후에야
이 사실을 알게 되었다고 전해짐

이 모든 건
너의 미래를
위해서다.

뒷일은
내가
어떻게든
할 테니···

이때,
베토벤의 나이는
7살을 넘기고도
3개월이나 더
지나 있었다.

24

짝 짝
짝

천재?
제가요?

이 아이는
틀림없이
천재야!

모차르트
라고…?

…
내가

바로
제2의
모차르트
네요!

하하,
아직
갈 길이
멉니다.

아직 어린데
재능이
대단하군요!

루이, 오늘 연주회는 아주 잘했어!

정말 열심히 했구나. 대단해!

엄마, 나 오늘 사람들한테 박수도 받았다니까!

우리 루이가 모차르트 같은 천재라는 소리도 들었어!

…그저 연습을 많이 했을 뿐이야.

연주회를 또 하는 거예요?

아무튼, 오늘 연주회가 성공적 이었으니

앞으로 바빠질 거야.

휴…

자꾸 모차르트 라고 하네…

당연 하지.

너는 제2의 모차르트 니까!

모차르트 는…

아빠!

모차르트는 어떤 사람 이에요?

30

오스트리아 도시, 빈 쇤브룬 궁전

시간을 거슬러 1762년

오늘 이렇게 초대해 주셔서 진심으로 감사드립니다.

저는 레오폴트 모차르트라고 합니다.

그리고 이 아이가

오스트리아의 군주이자 합스부르크 제국의 통치자인 마리아 테레지아가 연주회를 열었다.

깜짝

꽈당

괜찮으 세요?

감사합니다. 괜찮습니다.

피아노가 널리 보급되기 전이어서

건반 악기 중에서는 하프시코드가 대표적이었다.

마리 앙투아네트다.

이 소녀는 마리아 테레지아의 11번째 딸이자,

훗날 프랑스 국왕인 루이 16세의 왕비로서 비극적인 최후를 맞는

따 렁...

짝 짝

짝

사람들은
그의
천재성을
놀라워했다.

모차르트는
귀족들 앞에서
하프시코드를
훌륭하게
연주해 냈고,

와아아

아빠, 모차르트가 그렇게 대단해요?

그럼!

천재 음악가 가족이라 연주하러 외국에 가기도 한다더구나!

외국으로…

연습을 더 열심히 하면 외국에서 연주할 수도 있겠네요?

지금부터가 중요한 거지.

뭐 이미 7살이라 출발이 조금 늦긴 했지만,

하지만 너에겐 그 이상의 재능이 있단다.

음악의 천재 모차르트… 어떤 사람일까?

한번 만나보고 싶다.

그렇지! 너도 음악가로 성공하는 거야.

모차르트처럼 말이야.

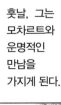

훗날, 그는 모차르트와 운명적인 만남을 가지게 된다.

어린 베토벤에게는

상상조차 할 수 없는 일이었지만

요한의 엄격한 레슨을 버티며 점차 음악적 재능을 드러냈다.

퀼른에서 연주회를 마친 베토벤은

베토벤은 10살이 되던 해, 교회 오르간※을 연주하기 시작했다.

※교회 성가대 반주로 오르간이 사용됨

유능한 선생님이 필요해…

루이의 재능을 키우려면

네페 선생님께 레슨 받으러 다녀올게!

조심히 다녀와.

네페는 본의 궁정 오르간 연주자를 거쳐 궁정 악장이 되는 인물이다.

또한, 작곡가로서도 이름을 날린 음악계의 실력자였다.

네페

네페 선생님, 아들의 지도를 부탁드리고 싶습니다.

네, 기꺼이.

다 선생님 덕분이에요!

바이올린도, 비올라도 연주할 수 있게 되었구나!

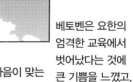

베토벤은 요한의 엄격한 교육에서 벗어났다는 것에 큰 기쁨을 느꼈고,

마음이 맞는 네페를 곧잘 따랐다.

좋아, 그럼 이번에는 궁정 예배당에서 나 대신 오르간을 연주해 보렴.

제가요?

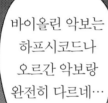

바이올린 악보는 하프시코드나 오르간 악보랑 완전히 다르네…

자신의 음악 세계가 나날이 넓어져 가는 즐거움을 느꼈다.

임시로 맡은 일이었지만, 네페를 대신해 예배당 오르간을 연주하게 된 베토벤은

악기의 조합으로 재미있네. 다양한 소리가 여러 조합을 생겨난다고? 시도해 보자.

악기의 특징에 따라 악보를 다르게 그려야 되는구나…

작곡 공부는 어때?

아직은 잘 모르겠지만 즐거워요!

음…

대체 어떻게 해야 내가 생각하는 음악이 되는 거지?

긁적

긁적

네! 열심히 할게요!

그럼, 새로운 숙제를 내 볼까.

네페는 베토벤에게 작곡법도 가르쳤다.

연주자의 하이라이트 부분도 만들어야 하는데…

주제가 되는 짧은 선율을 다양하게 바꿔 볼까? 이건 아니고…

이번에 받은 숙제는 변주곡이야!

완성했다!

그 악보를 연주하는 연주자가 있어야 비로소 완성되는 거야.

네페 선생님이 연주하니까 내가 작곡한 음악에 생동감이 생겼어!

음악은 악보만 있으면 되는 게 아니구나.

선생님은 어떻게 평가하실까?

내 작품…

이 곡에 네 이름을 걸고 발표해 보자꾸나!

처음 치고는 제법 잘했다!

루이, 조금 수정할 부분은 있지만…

이 악보가 출판사에서 출간되도록 준비해야 해.

먼저 어떤 장소에서 연주할지 정하고

바로 연주할 자리를 만들자.

그렇지.

이 곡은 루트비히 판 베토벤이 작곡한 첫 번째 작품이란다!

선생님, 감사 합니다!

드디어 음악가가 되는 거야…!

이 곡을 마음에 들어하는 사람이

악보를 사서 직접 연주해 볼 수 있게 해야지.

그럼 제 곡을 사람들 앞에서 연주할 수 있겠네요!

40

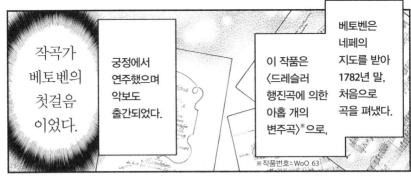

작곡가 베토벤의 첫걸음 이었다.

궁정에서 연주했으며 악보도 출간되었다.

이 작품은 〈드레슬러 행진곡에 의한 아홉 개의 변주곡〉※으로,

베토벤은 네페의 지도를 받아 1782년 말, 처음으로 곡을 펴냈다.

※작품번호=WoO 63

잘했다 루이.

재능에는 반드시 돈이 따라오는 법이란다.

적은 금액이지만 수입이 생겼어!

천재 모차르트…

재능이 아니에요. 열심히 노력했어요!

…흠

이제 모차르트에 한발 더 다가섰다고 할까.

이후, 베토벤은 정식 궁정 오르가니스트로 인정받았다.

1787년

16살이 된
베토벤은

변함없이
레슨과 연주
그리고 작곡에만
몰두했다.

장하네,
우리
아들!

고마워,
엄마!

그랬
구나.

모차르트를
만나고
싶은 거니?

모차르트는
천재
인가요?

모차르트에
관심이 많은
모양이구나.

네.

아버지는
언제나 제게
모차르트 같은
음악가가 되라고
하셨거든요!

선생님도
모차르트
알고
계시죠?

그럼.

지금은
빈에 있지
않으려나?

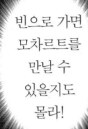

빈으로 가면 모차르트를 만날 수 있을지도 몰라!

모차르트가 머물고 있는 빈으로 유학을 가고 싶어요!

네! 가능하면 …

그 말만을 기다리고 있었단다!

…

그럼 좋아. 나도 한번 손을 써 볼까.

프란츠는 합스부르크 제국 군주, 마리아 테레지아의 16번째 아들이다.

1784년 베토벤이 자란 도시, 본을 포함한 퀼른 지역의 선제후로 프란츠가 임명되었다.

막시밀리안 프란츠

모두에게 감사해야지.

그의 누나 중 한 명이

프란츠는 자신의 누나, 마리 앙투아네트와 마찬가지로

큰 권력을 가지고 있었다.

그녀는 루이 16세와 결혼해 프랑스의 왕비가 되었다.

마리 앙투아 네트다.

1762년에 음악 신동 모차르트와 만난 적 있는 공주,

네페는 프란츠가 살고 있는 궁전에 찾아갔다.

프란츠 각하!

빈은 음악의 도시라네.

내 고향, 빈을 말하는 건가?

본에 사는 청년 한 명을 빈에 유학 보내고 싶습니다.

미래가 밝은 청년입니다. 한 번만 도와주십시오.

그 청년에게 음악을 가르치려 하는가?

지금은 궁정에서 예비 오르가니스트로 교육하고 있습니다!

선대 선제후이신 프리드리히 님께 음악을 바친 적도 있는 청년입니다.

음악을 가르치려 합니다!

네, 맞습니다.

'선제후 소나타'라 불리는 〈세 개의 피아노 소나타〉※1

베토벤이 12살쯤에 작곡해

당시 퀼른의 선제후, 프리드리히에게 바친 곡이다.

그렇게 뛰어난 음악적 재능을 가진 젊은이가 우리 본에 있다는 말인가!

※1 작품 번호=WoO 47

과연.

빈으로 유학을 보내 더 많은 것을 배우게 해야 합니다!

네, 재능을 꽃피울 수 있도록

그때까지만 해도 궁정 내의 기관이었던 아카데미※2를 승격시켜 '본 대학교'를 설립하는 등,

프란츠는 특히 문화와 예술에 주력하는 정책을 펼쳤다.

시민들의 교양을 높이는 데 힘썼다.

※2 학문과 예술의 중심이 되는 기관을 통틀어 이르는 말

그래! 모차르트의 음악은 정말 훌륭하더군. 나는 그를 아주 좋아한다네.

모차르트 말씀이십니까?

음악이라… 나와 동갑인 천재 음악가가 빈에 있지 않은가?

음악을 좋아하고 게다가 모차르트와 나이가 같은 프란츠는

모차르트의 재능을 높이 평가해 활동을 지원하기도 했다.

음악적 재능을 마음껏 발휘하고 있었다.

오페라와 교향곡, 피아노 소나타 등 많은 명곡을 발표하면서

당시 빈에 있던 모차르트는

루트비히 판 베토벤이라고 합니다.

오호라, 그거 좋군. 엄청난 자극이 되겠어!

그나저나 그 청년의 이름은?

모차르트와 본의 청년을 만나게 하면 어떻겠습니까.

음, 네페
선생님께서
알려 주신
곳이…

빈에 도착한
베토벤은

본에서 가져온
소개장으로
머무를 집을
구할 수 있었다.

좋아~!

오늘부터
빈에서
활동을
시작하는
거야!

50

아, 고민 돼!

못 고르겠어!

모차르트는 내 곡을 듣고 어떻게 생각할까?

악보를 보여 줬다가 비웃음만 사는 건 아닐까…

이 곡은 완전 자신 있지!

그림 칭찬받을 수 있을 거야!

그냥 피아노 연주만 할까?

기대 반, 불안감 반에

베토벤은 뜬눈으로 밤을 지샜다.

뻣뻣 뻣뻣

모차르트 선생님, 계십니까?

1787년 4월

모차르트의 자택

… 당신이?

저… 어제 연락 드렸던

루트비히 판 베토벤이라고 합니다!

딸 칵

어머…

콘스탄체
모차르트의 아내

으음…

뭐, 괜찮겠지.

여기예요.

이게 무슨 난리람!

정말 여기가 모차르트 선생님의 방이라고?

53

자, 여러분!

네? 지금요? 아직 자기 소개도…

연주할 기회를 주지!

오늘은 천재 음악가 베토벤이

저 멀리 본에서 나에게 도전장을 내밀러 왔다고 합니다!

척

와하하하

꽤 멀리서 오느라 고생했겠네!

와하하, 천재래 천재!

철컥...

하 하 하 하 하 하 하

꾸꾸

무명의 촌뜨기 라고 바보 취급이나 하고…!

참자.

여기까지 왔는데 그냥 돌아가면 안 돼…!

털썩

...

오, 도망갈 줄 알았는데.

뭐, 한 번 들어는 주지. 다들 잠시 나가 주겠소?

웅성 웅성

63

…아!

이렇게 해보면 어떨까?

맞아!

굉장하잖아, 이 사람!

소리의 흐름이 바뀌었지?

모차르트는 진정한 천재였어.

그리고 아까 이 부분은 좀 더 이런 느낌으로…

끄덕 끄덕

연습할 때마다 아쉬웠던 부분이었는데… 바로 알아 차리다니!

오 드디어 끝났군.

이번에는 이 모티프로 즉흥 연주*를 해볼래?

앗, 넵!

아까는 실례가 많았다.

※즉석에서 음을 꾸려 연주하는 것

그런가?

모차르트의 레슨이라… 아주 드문 일이군.

서로의 재능을 알아본 사람들은 금방 친해지는 법이었다.

오랜만에 주목할 만한 인재가 나타났어.

조만간 화제가 될 거야.

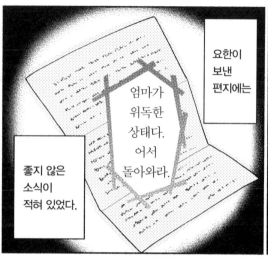

요한이 보낸 편지에는

엄마가 위독한 상태다. 어서 돌아와라.

좋지 않은 소식이 적혀 있었다.

더… 더 빨리 달려 줘!

베토벤이 처음 빈에 방문해서 머물렀던 시간은 얼마 되지 않았다.

베토벤은 서둘러 어머니와 가족이 기다리는 본으로 돌아갔다.

괜찮아?

나
돌아왔어!

엄마!

당연히 돌아와야지.

그게 무슨 소리야!

루이… 미안해. 네가 꿈꾸던 빈이었는데.

그러니까 엄마는 얼른 낫기나 해!

아무 데도 안 가고 곁에 있을게.

너는 타지에 나가 있어서 아무것도 몰랐겠지만

내 나름대로 최선을 다했다!

아버지! 왜 이렇게 될 때까지 …

그러
다가

온 가족이 간호에
매달렸지만
어머니의 상태는
나빠지기만 했다.

이런
상황에서도
술이
들어가요?

형,
어떤 마음인지
알겠는데
지금은 참아.

형…
엄마가…

응?

엄마가
왜…

엄마가
돌아
가셨어!

형…!

안 돼!

베토벤의
어머니,
마리아는
41살의
나이에
폐결핵으로
사망했다.

아악!!

엄마,
엄마!

한편,
앞으로는 혼자
가족들의 생계를
유지해야 한다는
무거움을
느끼고 있었다.

베토벤은
사랑하는
어머니를 잃은
슬픔에 잠겼다.

베토벤은
두 동생을
돌봐야만 했고,

음악에만
전념할 수
있었던
지금까지의
생활도
크게 변했다.

일과
생활에
집중하지
못하고
아침부터
술만
마셨다.

마리아와
사별 후
기력을 잃은
요한은

싸우지
말고
빨리 해!

투
닥

투
닥

왜
아침부터
술이에요!

일은
어쩌고요!

73

지각 하겠어.

이제 엄마도 안 계시니 내가 정신을 차려야 해!

그럼 다녀 올게.

본으로 돌아온 베토벤은

네페에게 부탁해 다시 궁정 악사로 일하게 되었다.

뻘 컥

늦어서 죄송 합니다!

그럼요! 감사해요. 네페 선생님!

제자가 기다리고 있어서 이만 가볼게요.

루이, 어머니 돌아가시고 막막하지?

그래도 무리하지는 말고.

이 무렵 베토벤은 명문 귀족 집안에서 피아노 가르치는 일을 시작했다.

건강만 해치지 않으면 좋으련만…

생계를 유지하기 위해 재능을 살려 시작한 일이었지만

늦었어!

사람들에게 좋은 평가를 받아

인기가 많았다.

베토벤 선생님! 늦었잖아요!

죄송합니다!

달칵

와, 예뻐요!

엘레오노레
브로이닝가의 장녀, 16살

저…
이걸
선물하고
싶어서…

특히
브로이닝가와
레슨을 하면서
절친한 사이가
되었다.

귀족 자녀들에게
음악을
가르치게 된
베토벤은

로렌츠 삼남

슈테판 차남

크리스토프 장남

와~! 선생님께 칭찬 받았다!

실력이 많이 늘었네요!

상냥하고 품위 있는 엘레오노레는 베토벤의 첫사랑이었다.

그렇다면 다음엔 이 곡을 …

어렵지 않은 곡으로 골라 주세요!

괜찮아요. 엘레오노레라면 할 수 있어요!

네에!

깜짝

조금 쉬면서 하세요.

선생님, 차 한 잔 더 드시겠어요?

고마워요.

베토벤 선생님, 편하게 머물다 가세요!

헬레네
브로이닝 부인

이렇게 평온한 기분, 정말 오랜만이네.

아…

실례가 많았습니다.

루트비히 판 베토벤 이라고 합니다.

이분은 발트슈타인 백작 이십니다.

꼭 소개해 드리고 싶었어요!

예, 누구 십니까?

벌컥!

자네가 베토벤 인가?

자네의 재능에 대한 칭찬은 많이 들었다네.

연주를 들려줄 수 있겠는가?

죄송하지만 지금은 레슨 중이라…

으음…

허허허허허

아, 그랬었나.

미안, 미안!

후훗

쾰른의 선제후 프란츠에게 기사 작위를 부여받은 뒤 본으로 이사했다.

발트슈타인은 원래 빈의 귀족이었지만

우리 발트슈타인 가문은 뛰어난 예술가에게 지원을 아끼지 않거든.

자네의 소문을 듣고 왔네.

그만큼 선생님의 음악에 기대하고 계시니까요!

나는 자네의 재능을 높이 산다네.

이참에 최신 포르테 피아노*를 선물하도록 하지.

네?

저한 테요?

그때마다 브로이닝 부인은 그들에게 베토벤을 소개했다.

브로이닝가에는 많은 귀족과 문화계 인사들이 자주 방문했는데,

※당시 본에 몇 대밖에 없던 최고급 슈타인제 피아노를 선물함. 베토벤은 훗날, 이에 대한 답례로 〈발트슈타인〉을 작곡해 헌정함

이때
베토벤의
나이는
18살이었다.

베토벤은
그들과
교류하며
문학과 같은
다른 예술
장르에도

관심을
가지게
되었다.

이렇게
공부를 시작한
베토벤에게

인생을 뒤흔드는
결정적 만남이
기다리고 있었다.

그 후 그는
궁정 악사
동료들과 함께

본 대학교에
청강생으로
등록했다.

언제까지 이렇게

팍팍하게 살아야 되는데!

그 이면에는 완전히 다른 세계가 펼쳐져 있었다.

1780년대 후반의 프랑스 왕국은 번창한 듯 보였으나,

제3장 새로운 시대로

네케르는 왕실에 사치스러운 생활을 줄이도록 요구하고 귀족에게도 세금을 걷으려 했다.

덕분에 시민들에게 신임을 받았다.

자크 네케르
재무장관※

※경제와 재정을 담당하는 장관

이럴 수가…

시민들의 마지막 희망마저 사라진 것이다.

1789년, 네케르는 해임되고 말았다.

그러나 귀족들의 반발을 샀고

찌익

팔레 루아얄

더 이상 참을 수 없다!

우리 손으로 자유를 얻자!

철컥

이 상황을 극복하기 위해 시민들은 거리로 나섰다.

와 아아아 오오!

아

왕실 권력의
상징인
'바스티유 감옥'에
쳐들어갔다.

앵발리드
보훈병원※에서
무기를 빼앗은
시민들은

※ 전쟁으로 생활 능력을 잃은
군인들이 머무는 시설

프랑스
혁명이
일어난
것이다.

1789년
7월 14일에
일어난
바스티유
습격이
시작이었다.

자유를 찾아
왕정을
무너뜨리고
시민의 힘으로
나라를
세우려고 하는

1789년은 베토벤도 본 대학교에서 철학, 문학, 예술사 등을 공부하던 시기였다.

본 대학교

1786년에 선제후 막시밀리안 프란츠에 의해 궁정의 일부였던 아카데미에서 대학으로 승격한 본 대학교는

신분에 상관없이 배우고자 하는 의욕을 가진 시민이라면 누구에게든 열려 있었다.

뭐지? 모두 서두르고 있어.

웅성 웅성

곧 슈나이더 교수님의 특강이 시작해!

루이! 서둘러!!

뭐?

?!

여러분!

잘 들어
보게!!

지금
이 순간!

프랑스
왕국의
파리에서
무슨 일이
벌어지고
있는지

에울로기우스 슈나이더
본 대학교 교수

본의 시민들도
이 혁명에
많은 관심을
가졌고

새로운 소식을
손꼽아
기다리고
있었다.

프랑스에서
시민들이
일으킨 혁명은
본까지
소식이 전해졌다.

와 아 아 아

아 아

이제 자유와 평등 그리고 박애의 시대가 도래할 것이다!

영국

프랑스

신성 로마 제국

오스트리아

프로이센

스위스

이탈리아 반도

스페인

프랑스 혁명은 주변 국가에도 영향을 미쳤다.

이윽고 귀족 중심이던 유럽 사회도 큰 변화를 맞게 된다.

굉장해 루이!

새로운 시대…

새로운 시대가 열릴 거야!

그래! 우리들의 시대야!

뻘 뻑

스스로의 힘으로 자유를 얻어 신분에 따라 차별받지 않는 새로운 세상 이라니…

앞으로는 우리 같은 시민들이 주인공이 되는 거야!

얼마나 멋진 광경 일까!!

벌떡

환희여, 아름다운 신의 빛이여…

그만큼 시민들의 관심이 높았다.

이 무렵 본에서는

대학교 뿐만 아니라 곳곳에 시민들이 모여

새로운 시대를 기대하며 이야기 나누는 모습을 볼 수 있었다.

마음에 들어?

누가 쓴 시야?

프리드리히 폰 실러의 시야.

실러는 이상주의를 내세우며 자유에 대한 작품을 많이 남겼다.

「환희의 송가」는 1785년에 쓴 작품이다.

응. 아주 멋진 시네!

아름 다워.

※「환희의 송가」초판에는 해당되는 부분이 존재하지 않음

실력을 더욱 키워서 만들겠어!

하지만 아직 더 많이 공부해야 해.

지금 내 실력으로는 그런 곡을 못 만들어.

이제 곧 낡은 시대는 끝날 테니까!

새로운 시대에 어울리는 새로운 음악을!

그나저나 모차르트 선생님은 어떻게 지내실까?

나의 새 곡을 듣고 어떤 평가를 해주시려나…

베토벤은 본격적으로 실내악곡을 작곡하기 시작했다.

피아노와 바이올린, 첼로가 등장하는 〈피아노 3중주 내림마장조〉*라는 곡이었다.

※작품번호 = WoO 38

빈

천재라 불린 작곡가

1791년 여름부터 몸이 안 좋아진 그는 11월에 병으로 쓰러져서

모차르트는 그 찬란한 업적과 달리 생활고에 시달리고 있었다.

작곡도 제대로 할 수 없는 상태였다.

의뢰받은 대곡 〈레퀴엠〉의 작곡 작업도 중간에 멈춰 버렸다.

레퀴엠을 완성해야 하는데…

…그럴 상황이 아니잖아.

푹 쉬어요.

뚝

뚝

고마워, 콘스탄체.

하지만 아직 레퀴엠을 완성하지 못했거든…

〈레퀴엠〉 제8곡 '라크리모사(눈물의 날)' 첫 여덟 마디까지 작곡※

완성 하지 못했어 …

※ 모차르트 사후 제자 쥐스마이어가 곡을 완성함

모차르트는
35살이라는
젊은 나이에
세상을 떠났다.

1791년
12월

지금 본에
요제프
하이든이
와 있다네!

궁정에서
환영회를
연다는군.

1792년
네페의
자택

하이든은
베토벤보다
38살이나 많은
대선배
작곡가였다.

음악을
좋아하는 귀족
에스테르하지
가에 머물며
오랫동안 많은
명곡을 만들었다.

프란츠 요제프 하이든

자네도
참석할 수
있도록
할 테니

꼭
만나
보게.

정말요?
제가
하이든
선생님을?

본에 방문한 것이다.

1년 반 동안의 런던 여행을 마치고 돌아가던 중

여러 곳을 돌아다니며 활동하고 있었다.

하이든은 몇 년 동안 에스테르하지가를 떠나

이것을…

이걸 자네가?

네!

선생님.

이번 기회에 소개하고 싶은 청년이 있습니다.

하지만 나는 곧 빈으로 돌아가야 하네.

그러니 이참에 자네도 빈으로 같이 가면 좋을 것 같군.

부디 잘 부탁 드립니다!

더 공부할 생각은 없는 건가?

음악을 좋아하는 빈의 귀족들에게 자네를 소개해 주겠네!!

좋은 생각 일세!

빈으로?

감사 합니다!!

그렇게 베토벤은 다시 빈으로 떠나게 되었다.

여러 선생님들께 많은 것을 배우고 싶어!

모처럼 빈까지 왔으니

역시 선생님의 가르침은 더할 나위 없어.

1792년 12월 16일

베토벤은 빈에서 22살 생일을 맞이했다.

요한 판 베토벤은 53살의 나이로 사망했다.

어머니에 이어 아버지까지…

왜 내가 빈에 있을 때마다 이렇게 되는 거야…

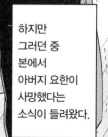

하지만 그러던 중 본에서 아버지 요한이 사망했다는 소식이 들려왔다.

하이든 몰래 다양한 음악가들에게 가르침을 받았다.

베토벤은 바라던 대로

베토벤의 노력은 곧 결실을 맺었다. 1795년부터는 본격적으로 작품번호(Op.)를 가진 악보를 출간하기 시작했다.

〈피아노 3중주 1~3번〉※1

※1 작품번호 = Op.1

베토벤은 그들이 하는 레슨을 열심히 따랐다.

쉥크, 알브레히츠베르거, 살리에리⋯

그리고 스승 하이든에게 곡을 헌정※2하기도 했다.

※2 작품을 드리는 것

〈피아노 소나타 1~3번〉※3

※3 작품번호 = Op.2

그리고 두 동생도 베토벤이 있는 빈으로 거처를 옮겼다.

비슷한 시기에 대극장에서 자신이 작곡한 피아노 협주곡※4을 연주해 주목을 받게 되었다.

※4 〈피아노 협주곡 1번 다장조〉. 작품번호 = Op.15

베토벤은 프라하나 베를린으로 연주를 위해 멀리 여행을 떠나기도 했다. 모든 것이 순조로운 나날이었다.

아버지, 드디어 나도 연주를 위해 외국으로 나가게 되었어요.

국왕과 왕비가 처형된 이후 공화제*를 지향하던 프랑스는 혼란에 빠졌다.

이 혼란 속에서 나폴레옹이라는 한 젊은 군인이 눈부신 활약을 펼친다.

그는 훗날 베토벤에게 큰 영향을 주는 인물이다.

나폴레옹 보나파르트

※군주를 두지 않는 정치 체제

이렇게 바빠서는 도저히 일을 전부 소화할 수 없는데…

연주회나 작곡 의뢰는 물론이고 제자가 되려고 지원하는 사람도 늘어났다.

이 무렵 베토벤은 빈에서 인기를 얻으며 승승장구하고 있었다.

오! 네가 프란츠 리스 선생님의 아들이구나!

처음 뵙겠습니다.

페르디난트 리스라고 합니다.

1801년

한 청년이 베토벤의 자택을 찾아왔다.

이번에는 스승의 아들이 베토벤의 제자가 되려고 찾아 온 것이다.

베토벤은 어린 시절 이 청년의 아버지에게서 바이올린을 배운 적이 있었다.

선생님…?
선생님!

응?
방금 뭐라고 했나?

선생님, 이 악보는 극장에 보낼까요?

아… 그랬군. 집중 하느라 못 들었나 보네.

아까부터 계속 불렀는데요…

…뭐지? 이 이명은…

바쁘니까 피로가 쌓여서 그런 거라면 다행이지만…

상대방의 목소리가 안 들릴 때도 있어. 대체 어떻게 된 거야…

리스, 나가자.

앗, 네!

크흠

맞아.

귀차르디 님의 자택이군요.

후다닥

쓸데없는 생각 마.

레슨하러 온 것 뿐이니.

빳......

헝가리의 명문 귀족 브룬스비크가 두 자매에게 레슨을 하던 시기였다.

이때 베토벤은 자기보다 14살이나 어린 줄리에타를 좋아하고 있었다.

처음에는 둘째 요제피네를 좋아했고

곡도 바치면서 적극적으로 마음을 표현했지만 그의 사랑은 결실을 맺지 못했다.

그러나 '사랑이 곧 행복'이라고 깨달은 베토벤은

요제피네의 사촌 동생인 귀차르디 가문의 아가씨 줄리에타를

사랑하게 되었다.

리스, 나는 줄리에타에게 모든 것을 털어놓을 생각이야.

네…

선생님!

역시 귀가…!

내 마음도…

그리고 귀가 잘 안 들린다는 사실도.

선생님, 이 곡은 도대체…

무슨 생각을 하면서 작곡하신 거예요?

이게 사랑에 대한 곡이라니…

〈피아노 소나타 14번 올림다단조〉※

※작품번호 = Op. 27-2

저에겐 이 곡이 아름다우면서도 너무 슬프게 느껴져요.

1악장이 신비로운 분위기를 자아내 '월광'이라고 불리게 된다.

이때 베토벤이 줄리에타에게 바친 피아노 소나타는

결국 이 사랑도 결실을 맺지 못하고 베토벤의 노력은 물거품이 되어 버렸다.

1802년 4월, 아직 추운 날씨가 계속되던 어느 날.

빈 외각에 위치한 하일리겐 슈타트로 향했다.

베토벤은 리스와 함께

줄리에타와는 귀족과 평민 사이로, 신분이 다른 사랑이란 것을.

베토벤 역시 알고 있었다.

절친한 친구 베겔러에게 편지로 난청※을 털어놓았더니 휴양을 권유했다.

※베토벤이, 난청이라는 사실을 편지로 밝힌 친구는 2명밖에 없었음

이때 베토벤의 나이는 31살 이었다.

지금은 그저 조용히 자기 자신을 생각하는 시간을 갖고 싶다…

그렇게 바라는 마음으로 휴양을 온 것이다.

선생님, 여기는 조용해서 좋네요.

1802년 빈 외각의 하일리겐슈타트

제4장

절망 끝에 쓴 편지

그리고 갈수록 바빠지는 도시 생활에 지쳐 버렸다.

베토벤은 악화되는 난청과 이루지 못한 사랑의 아픔

그래서 제자 리스와 함께 풍부한 자연을 즐길 수 있는 이 마을에서 휴식 중이었다.

아…

선생님의 귀가 더 안 들리는 것 같아…

스스로 노력해야만 한다고 생각해 왔다.

나는 그동안 성공을 위해서는

남들에게도 그렇게 소문을 퍼뜨리는 당신들...

나를 고집이 세고 사람을 싫어하는 사람인 줄 알고

이봐 당신들,

최근 6년 동안 고칠 수 없는 병이 나를 괴롭게 했지.

허나 잘 생각해 봐라.

...미안해. 딴생각을 하고 있어서 다음에 못 들었어. 마시자.

...

다음 주쯤 오랜만에 술 한잔하지 않을래?

루이!

나는 잘 들리지 않는다는 사실을 숨기기 위해 사람을 피하면서 살아갈 수밖에 없었다.

딱

석

어이, 듣고 있는 거야?

!!

…어째서 갑자기 실러의 시가 생각나는 거지?

환희여 아름다운 신의 빛이여

"벗…"

한 친구의 참다운 벗이 된 위대한 성공을 이룬 자여…

많은 이들이 가르침을 주고 도와준 덕분이다.

생각해 보니 내가 오늘까지 살아올 수 있었던 것은

내 음악을 기대하는 사람도 많다.

수많은 사람들이 내 음악 활동을 도와주고 있지.

나만이 만들어낼 수 있는 음악을 작곡하는 것뿐.

내가 할 수 있는 일은 그저

...
그런가!

써 내려갈수록 한발 앞으로 나아가기 위해 자신에게 보내는 편지로 바뀌어 갔다.

베토벤은 극단적인 선택을 생각할 정도로 괴로움에 시달려 유서를 쓰기 시작했지만

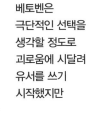

푸드덕

저 새들은
즐거워
보이는군.

새소리도
들렸나?

네에…

나에게는
들리지
않았어.

하지만 나는
알 수 있네.

들리지는 않지만

나는 알 수 있어!!

바람에 흔들리는 나뭇잎 소리도

강을 따라 흐르는 물소리도!

새들의 지저귐도

어떠한 시련도 받아들이자.

나는 오늘부터 작곡에 전념하기로 결심했네.

음악의 도시 빈에서!

나는 모든 시련을 이겨내고 나아가겠어!

음악의 힘으로!!

이때 번뜩 떠오른 아이디어나 선율을 스케치북에 기록해 오늘날 널리 알려진 수많은 명곡을 만들 수 있었다.

베토벤은 4월부터 약 6개월 동안 하일리겐슈타트 에서 생활했다.

자연 속에서 새로운 선율이나 악상의 아이디어가 솟아나기도 했다.

고민이나 괴로움에 시달리면서도 아침저녁으로 산책하며 풍요로운 자연을 즐겼다.

같은 해 빈

선생님은 마냥 풀 죽어 계시지 않았어.

역시 선생님은 대단하구나.

하일리겐 슈타트에서 보낸 6개월…

메모를 쓴 지 반 년 가까이 되었으니까.

메모가 이렇게나 많이…

동생 카스파가 비서로 일하게 되었다.

귀가 불편한 베토벤을 도와주기 위해

잘 부탁해!

형, 내가 왔으니 안심하고 편하게 일해.

또한 베토벤은 1813년 이후 나팔형 보청기※를 사용하기도 했다.

※메트로놈을 실용화한 요한 멜첼과 그의 동생이 제작한 것으로 전해짐

극음악
작곡에도
힘쓰며,

베토벤은
빈에 있는
안 데르 빈
극장과
계약하고

새로운 곡을
꾸준히
발표했다.

더군다나
혁명을
두려워한
주변 나라들이
쳐들어와
위태로운
상태였다.

이 무렵 프랑스는
1789년 혁명 후
공화제 국가로서
새 출발을 했지만

정부 안에서
대립이 일어나
혼란이 계속되고
있었다.

나아가라!

베토벤에게
커다란 영향을 준
인물이 나타났다.

그런
가운데

프랑스 국내에서
일어난 대립을
무력으로 해결해
단숨에 주목을 받은
나폴레옹이었다.

나폴레옹 보나파르트
프랑스령 코르시카 섬 출신의 군인

그의
업적은
공화제
확립과
함께

빈에 있는
베토벤
에게도
전해졌다.

더욱 뛰어난
군사 전략으로
주변 나라에
압승하고
파리로 돌아온
나폴레옹은

새로운
시대의
영웅으로서

시민들에게
강한 지지를
받았다.

나폴레옹이
자유를 쟁취해
시민을 해방한
거야!

이 당시
나폴레옹은
오랫동안
지속된 혼란을
수습하고

자유와 평등의
사회를 가져다줄
희망의 별 같은
존재였다.

선생님!

큰일이에요!
나폴레옹이
황제가
되었답니다!

뭐라고?

도저히
용납할 수
없어!!

히익!!

나폴레옹
이야말로
새로운
시대의
영웅이다!

당신에게
이 새로운
교향곡을
바칩니다!!

그리고 그에게
헌정하기 위해
파리에서 직접
연주하려고
준비하고 있었다.

베토벤은
〈교향곡 3번〉※을
완성하고 표지에
나폴레옹의
이름을 적었다.

※작품번호 = Op. 55

시민들이
군주인 자신을
따르게 하려고
황제가
된 것이다.

나폴레옹은
계급 차이를
확실하게
내보이며

1804년 5월
나폴레옹이
황제로
즉위했다.

이딴 녀석의 이름 따위 지워 버리자!

나폴레옹이야말로 우리 시민이 중심이 되는 세상을 만들 거라 기대했건만!

신분으로 차별받지 않는 자유로운 시대를 축하하고 싶었는데…

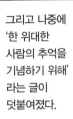

그리고 나중에 '한 위대한 사람의 추억을 기념하기 위해' 라는 글이 덧붙여졌다.

결국 〈교향곡 3번〉은 '영웅'으로 불리게 되었다.

용서 할 수 없어!!

결국 그도 그저 똑같은 사람이었나.

야망을 위해 우리를 짓밟다니!

1805년 4월 7일 〈교향곡 3번〉 '영웅' 초연

서주가 없는 교향곡 이라니!

독창적인 요소를 담은 야심작 이었다.

〈교향곡 3번〉 '영웅'은 새로운 시대의 시작을 상징하고자

짝 짝 짝

힘차게 시작 하네!

이것이 바로 내가 그리는 영웅이다!

그거 흥미롭군!

나는 지금 러시아에서 오신 라주모프스키 백작 밑에서 현악 4중주단을 맡고 있다네.

1805년 베토벤은 바이올리니스트 이그나츠 슈판치히※와 자주 교류했다.

※슈판치히는 이전에 베토벤에게 바이올린을 가르친 적이 있음

라주모프스키 현악 4중주단을 결성해 저택에 있는 홀에서 연주회를 개최할 정도였다.

바이올린도 연주하며, 음악을 좋아하는 사람으로 유명했다.

러시아 외교관으로 빈에 온 라주모프스키는

안드레이 라주모프스키
백작

현악 4중주는 원래 하이든이 좋아했던 편성곡인데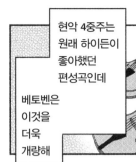

베토벤은 이것을 더욱 개량해

베토벤은 일생 동안 많은 현악 4중주[1] 곡을 작곡했다.

곡이 완성되었습니다. 여기 있습니다.

연주에 사용하는 악기 각각의 포인트를 살린 부분을 만들었다.

※1 현악 4중주는 바이올린 두 대와 비올라, 첼로로 이루어진 4파트의 현악기로 연주

이 세 편의 곡은

훌륭하군!

짠!!!

'라주모프스키'라는 이름의 〈현악 4중주〉[2] 곡으로 널리 사랑받게 되었다.

※2 작품번호 = Op.59

그 후 베토벤은 두 곡을 더 작곡했다.

베토벤, 자네가 작곡한 음악은 연주의 기쁨으로 가득하네. 나를 위해 좀 더 많은 곡을 작곡해 주지 않겠나?

이건
들리네!

너무
좋은데!

1803년
베토벤은
유명한
피아노
제작자
에라르에게

개량된※1
피아노를
선물
받았다.

※1 68개 건반으로 음역 범위가 5 옥타브 반

하지만
1805년…

또한 염원하던
오페라 공연도
하게 되었다.

귀가 잘
안 들리는
베토벤에게
큰 도움이
되었다.

이 피아노는
기존의
악기보다
더 큰 소리를
낼 수 있어서

이와 동시에
베토벤은
창작 의욕이
솟구쳐
명곡※2을
연달아
발표했다.

※2 〈피아노 소나타 21번 다장조〉
작품번호=Op. 53 등

오페라
공연※3은
중단되고
말았다.

베토벤을
응원하던
많은 귀족들이
해외로 피난해
버리는 바람에

프랑스군이
침공해
빈을
점거했다.

※3 1805년 '오페라 '레오노레' 초연, 훗날 '피델리오'로 명칭이 바뀜

이 '운명의 동기'란 '운명이 문을 두드리는 소리'※라고 언급된 것에서 유래한다.

제1악장은 유명한 '운명의 동기'로 구성되었다.

대… 대단해!

그리고 고통에서 환희로!!

※1840년에 적힌 베토벤의 전기에서 '운명'이라는 말이 등장해〈교향곡 5번〉이 '운명'으로 불리게 됨

피콜로와 트롬본 그리고 콘트라바순이 제4악장에 등장해 청중을 놀라게 했다.

〈교향곡 5번〉 '운명'은 그때까지 교향곡에서는 사용되지 않았던

이 전설적인 연주회는 베토벤의 의욕과는 반대로

준비가 부족해서 실패한 공연이라고 전해진다.

그 이후에도 프로그램이 계속되어

이 연주회는 무려 4시간이 넘는 시간동안 진행되었다.

그 후에도
베토벤에게
큰 원동력이
되었다.

하지만
'새로운 음악'을
만들고 싶다는
생각은

이 악기도
나를
사랑한다.

나는
이 악기를
사랑하고

피아노만으로
연주하는
피아노 소나타도
인생을 걸고
끊임없이 작곡했다.

곡수는
무려 30곡이
넘는다.

피아노를
사랑한
베토벤은

띠
링...

...

베토벤이 추구하는 음악 덕분에 피아노가 발전했다고 해도 과언이 아니다.

베토벤은 이 곡을 선물받은 새로운 피아노[2]로 작곡했다.

※2 당시 새롭게 개량된 브로드우드사의 피아노

그중에서도 1818년에 작곡된 〈피아노 소나타 29번〉[1]은 '함머클라비어'로 불리며 대표적인 피아노 소나타 중 하나로 손꼽는다.

※1 작품번호 = Op.106

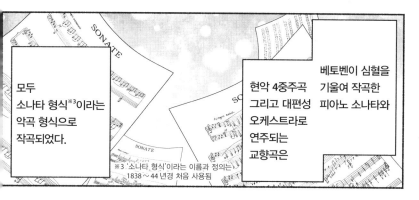

모두 소나타 형식[3]이라는 악곡 형식으로 작곡되었다.

현악 4중주곡 그리고 대편성 오케스트라로 연주되는 교향곡은

베토벤이 심혈을 기울여 작곡한 피아노 소나타와

※3 '소나타 형식'이라는 이름과 정의는 1838~44년경 처음 사용됨

베토벤은 자신의 작품으로

소나타 형식 음악의 가능성을 크게 넓힌 것이다.

소나타 형식은 하이든이나 모차르트 등이 활약한 시대에 만들어졌지만

딸깍...

제5장

합창 교향곡

1815년
베토벤의 동생
카스파가
병으로 쓰러져

위태로운
상태에
놓여
있었다.

형…

카스파!

아빠!

응…

내가
책임지고
키울게…!

고마…
워…

내 아들
카를을
부탁해…

나는…
이제
안 될 것
같아…

결국
동생은
사망하고
말았다.

베토벤은
조카를
열심히
교육했다.

아들의
후견인이
되어 달라는
동생의 유언을
지키기 위해

베토벤은
조카 카를의
후견인 자리를
둘러싼 재판에서
카를 어머니에게
승리했다.

이로써 카를은
어머니 곁을
떠나게 되었다.

딸깍

카를,
잠깐만!!

카를은
떠나
버렸다.

그러나

이제
그만!!

나는 삼촌이
시키는 대로
하고 싶지
않아!!

모든 사람을
사랑하기를
멈추지
않을 거야.

…그래도
나는
카를을…

카를을 잃은
베토벤은
다시 절망의
나락으로
떨어졌다.

이 무렵에는
청력도
거의 상실된
상태였다.

환희의 송가
An die Freude

카를은…
청중은…
내 삶의
방식을
받아들여
줄까…

이 시를
소재로 한
곡에
내 마음을
담겠다.

빠
스
락

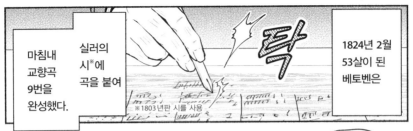

1824년 2월
53살이 된
베토벤은

마침내
교향곡
9번을
완성했다.

실러의
시[※]에
곡을 붙여

※1803년판 시를 사용

드디어
완성했다
…

여기에
오기까지 꽤
오랜 시간이
걸렸구나…

알겠
습니다.

그럼
움라우프가
선생님을
대신해
지휘하고

선생님은
그 옆에서
지휘를
보조하는
걸로 하죠.

같은 해
5월 7일
빈의
케른트너토르
극장에서

간절히
기다리던
첫 공연을
열었다.

베토벤은
몸이 안 좋은
상태였지만
교향곡 9번의
연주를 위해
공연장에 왔다.

선생님!

그래.
오늘 연주회에서 나의 새로운 교향곡을 연주하기로 했었지…

이제 공연을 시작 하시죠!

짝

짝

짝

짝

끼익응

삼촌…

정말 괜찮은 걸까?

짝

짝

나는 기껏해야 여기에 앉아 있는 것밖에 못하는 늙은이…

이제 청중의 소리도 안 들리는군…

이제는 사람들에게 닿지 않을 수도 있겠지…

내가 만든 음악이

홱

기죽을 필요 없다!!

그래. 처음은 피아니 시모!

안 돼!

헉

나는 지금까지 많은 사람들을 만났다.

소중한 친구들도 생겼지.

왕도 시민도!

부모도 형제도!

그러니

이런 기쁜 일이 또 있을까!

한 친구의 참다운 벗이 된 위대한 성공을 이룬 자여

아름다운 여성의 사랑을 얻은 자여 함께 환희의 노래를 부르자!

따 따

아군도 적도!

모두를 사랑하자!!

따

아주
고요하군
…

박수 소리가
들리지 않아.
역시 실패한
건가…

끝났다
…

자네 왜
눈물을
흘리고
있나…?

알토
파트를 부른
웅거 양…

빙글

청중의
진심 어린
박수가
쏟아졌다.

베토벤에게

완전히
청력을 잃은
베토벤을 향한
소리 없는
갈채※였다.

※박수를 치거나 소리를 질러 칭찬의 뜻을 나타냄

…그래.

이게 바로
내가 보고
싶었던
광경이야.

삶의
기쁨을
함께
나누고
싶었다.

모든
사람들과
…

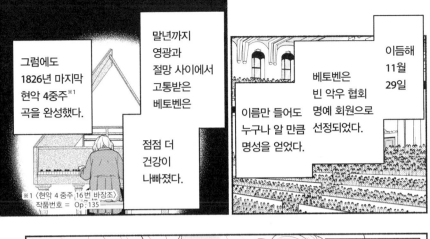

그럼에도 1826년 마지막 현악 4중주※1 곡을 완성했다.

말년까지 영광과 절망 사이에서 고통받은 베토벤은

점점 더 건강이 나빠졌다.

※1 〈현악 4 중주 16 번 바장조〉 작품번호 = Op : 135

이듬해 11월 29일

베토벤은 빈 악우 협회 명예 회원으로 선정되었다.

이름만 들어도 누구나 알 만큼 명성을 얻었다.

빈에 돌아왔을 때는

거동이 불편해 누워 지내야 할 정도였다.

하지만 휴양지※2에서 돌아오는 길에 몸 상태가 급격히 약해지고 말았다.

※2 동생 요한이 살던 도시에서 조카 카를과 함께 한동안 지냄

… 그래.

…

친구들이 모두 자네를 보러 왔네!

루이, 눈을 떠보게!

훗

박수를
쳐주게!
벗들이여!

꽉악

희극은
끝났다…!

빈의 자택에서
조용히
숨을 거뒀다.

루트비히 판
베토벤은
56살의 나이로

교향곡 9번
연주회가
끝난 지
3년째 되던
1827년
3월 26일

장례식은
3월 29일에
치러졌으며

4마리의
말이 끄는
마차로
묘지까지
관을 옮겼다.

수많은
사람들이
마지막
배웅을 위해
모였다.※

※베토벤의 장례식에는 200대에 이르는 마차와 2만 명의 군중이 참석함

'지지해 준 사람' 랭킹 【베토벤 편】

가까이에서 베토벤을 지지해 준 사람들 중, Best 5를 선정했어!

1위 모차르트

베토벤 기대 레벨
★★★★★

베토벤이 동경한 천재 음악가

베토벤의 곡을 듣고 '주목할 만한 인재가 나타났어. 조만간 화제가
될 거야.'라고 말했어.

2위 네페

재능 발견 레벨
★★★★★

본에 있을 때 가장 큰 가르침을 준 스승

본의 궁정 오르가니스트였던 네페는 베토벤이 10살쯤 되었을 때부터
음악을 가르쳤지. 베토벤의 재능을 일찍 발견했어.

3위 브로이닝 부인

서포트 레벨
★★★★★

베토벤을 따뜻하게 지켜본 네 아이의 어머니

본의 명문 귀족 브로이닝가 헬레네 부인은 아이들의 피아노 선생님이었던
베토벤에게 발트슈타인 백작을 비롯해 다양한 사람을 소개해 줬어.

4위 베겔러

본에 있을 때부터 친했던 평생 친구

헌신 레벨
★★★★★

의학생이었던 베겔러는 자신과 친분이 있던 브로이닝가를 베토벤에게 소개해 준 절친한 친구야. 베토벤이 편지로
난청이라는 사실을 털어놓은 몇 안 되는 인물이지.

5위 슈판치히

라주모프스키 백작의
4중주단 소속 바이올리니스트

친구 레벨
★★★★

셰익스피어 희곡에 나오는 뚱뚱한 기사 '팔스타프 경'이라는 별명으로 베토벤에게 놀림받던 친구야. 하지만 바이
올린 연주 실력이 뛰어나 베토벤에게 바이올린을 가르친 적도 있었어. 교향곡 9번의 첫 공연에도 참여했지.

대사 Best 3 베토벤 편

베토벤이 남긴 말 중에 말해보고 싶은 대사, Best 3을 선정했어!

1위 뛰어난 사람은 고독과 고뇌를 통해 환희를 차지한다.

친구인 에르되디 백작 부인에게 보낸 편지에 적혀 있는 말이야. 당시 동생을 잃고 귀도 잘 안 들렸던 베토벤은 똑같이 어려운 상황에 처한 백작 부인과 자신을 북돋우기 위해 이렇게 말했다고 알려져 있어.

 노력해도 결과가 좋지 않아서 좌절할 것 같을 때 이 대사를 말해봐! 자기 자신을 믿으며 열심히 해야겠다는 용기가 생길 거야!

2위 나를 구해준 것은 오직 예술뿐이다.

어떠한 시련도 받아들이자.

20대 후반부터 난청에 시달리던 베토벤은 하일리겐슈타트에서 유서를 썼어. 하지만 음악가로서 자신이 나아가야할 길을 깨달아 죽고 싶다는 생각을 그만뒀지.

 시험 성적이 안 좋더라도 음악이나 미술에 재능이 있다면 이 대사를 말해봐. 나만이 잘하는 것이 분명 있을 거야. 자신 있는 분야에 더욱 힘써서 파이팅하자!

3위 박수를 쳐주게! 벗들이여! 희극은 끝났다…!

박수를 쳐주게! 벗들이여!

희극은 끝났다…!

베토벤이 죽기 전에 친구의 도움으로 열심히 유언장을 쓴 다음에 했던 말이야. 로마의 고전 연극 끝부분에서 흔히 쓰이던 대사였어.

 베토벤은 자신이 믿었던 길을 포기하지 않고 나아가 많은 명곡을 만들어 냈어. 체육 대회 등에서 목표를 이루었을 때 말해봐. 성취감을 얻을 수 있을 거야!

베토벤 연표

연대	나이	주요 사건
1770	0살	12월 16일 본에서 태어남
1778	8살	공개 연주회에서 처음 공연함
1781	11살	네페가 베토벤을 가르치기 시작함
1782	12살	첫 작품인 〈드레슬러 행진곡에 의한 아홉 개의 변주곡〉과 다음 해에 걸쳐 첫 피아노 소나타 〈세 개의 피아노 소나타〉를 작곡함
1787	17살	빈에 방문해 모차르트를 만남 어머니 마리아가 사망함 본으로 돌아와 다시 궁중 악사로 일함 명문 귀족가 자녀에게 피아노를 가르침
1789	19살	프랑스 혁명이 일어남
1792	22살	다시 빈으로 떠남 아버지 요한이 사망함
1795	25살	작곡한 피아노 협주곡을 발표해 주목을 받음 두 동생도 빈으로 이사함
1798	28살 무렵	귀가 안 들리기 시작함
1801	31살	제자가 된 리스에게 피아노를 가르침

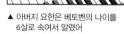

▲ 아버지 요한은 베토벤의 나이를 6살로 속여서 알렸어

많은 클래식 명곡을 만들어낸 베토벤.
난청에 시달리면서도 온 힘을 다해 작곡 작업을
계속한 그 일생은 어땠을까?

연대	나이	주요 사건
1802	32살	빈 외각의 하일리겐슈타트에서 반 년 동안 휴양함 동생 카스파가 베토벤의 비서가 됨
1803	33살	파리에 있는 '에라르사'에서 베토벤에게 최신 피아노를 선물함 ……
1804	34살	나폴레옹이 황제에 즉위함
1805	35살	〈교향곡 3번〉 '영웅' 첫 공연 안 데르 빈 극장에서 오페라 〈레오노레〉 첫 공연
1808	38살	다시 하일리겐슈타트로 떠남 〈교향곡 5번〉 '운명'과 〈교향곡 6번〉 '전원' 첫 공연
1820	50살	조카 카를의 양육권을 둔 재판에서 카를의 어머니에게 승리
1824	54살	실러가 만든 시를 사용해 〈교향곡 9번〉 …………… '합창'을 완성함
1825	55살	빈 악우 협회 명예 회원으로 선정됨
1826	56살	〈현악 4중주 바장조〉를 음악 출판사 '슐레진저사'에 보냄
1827	57살	3월 26일, 빈의 자택에서 56살의 나이로 숨을 거둠

▲ '에라르사'가 선물한 프랑스제
최신 피아노야

▲ 이 당시 베토벤은 청력을 거의
다 잃은 상태였기 때문에 움라
우프가 지휘를 도와줬어

주요 참고 도서 및 자료

【서적】

- アルテスパブリッシング、『ベートーヴェン ピアノ・ソナタ 全作品解説』
- 岩波書店、『ベートーヴェンの生涯』/『ベートーヴェン上・下』
- 音楽之友社、『作曲家◎人と作品シリーズ「ベートーヴェン」』/『ベートーヴェン』/『いまに生きるベートーヴェン 生涯・作品と演奏法の変遷』/『音楽と思想・芸術・社会を解く 音楽史 17 の視座』
- 鹿島出版会、『音楽のための建築―17 世紀から現代にいたる 建築家と音楽家と聴衆』
- 河出書房新社、『図説 ベートーヴェン 愛と創造の生涯』/『カラー図解 楽器から見るオーケストラの世界』/『ピアノの歴史』/『カラー図解 楽器の歴史』/『図説 フランス革命史』
- グラフィック社、『西洋コスチューム大全 ―古代エジプトから 20 世紀のファッションまで』(보급판)
- 講談社、『ベートーヴェン全集』
- 集英社、『ウィーン楽友協会 二〇〇年の輝き』
- 春秋社、『〈第九〉誕生 1824 年のヨーロッパ』/『オーケストラの文明史 ヨーロッパ三千年の夢』
- 小学館、『日本大百科全書(ニッポニカ)』
- 新潮社、『ベートーヴェン』/『反音楽史さらば、ベートーヴェン』
- 全音楽譜出版社、『ベートーヴェン:交響曲第 3 番変ホ長調作品 55《英雄》』/『ベートーヴェン:交響曲第 6 番ヘ長調作品 68《田園》』/『ベートーヴェン:交響曲第 9 番二短調作品 125《合唱付》』
- 大修館書店、『フランス革命秘話』
- 中央公論社、『フランス革命の主役たち臣民から市民へ〈中〉』
- 中央公論新社、『物語 フランス革命 バスチーユ陥落からナポレオン戴冠まで』
- 東京書籍、『ベートーヴェン事典』
- 東京堂出版、『西洋建築史図説編』
- 七つ森書館、『ベートーヴェンとベートーホーフェン神話の終り』
- 平凡社、『ベートーヴェンの生涯』
- マール社、『図解 貴婦人のドレスデザイン 1730 ～ 1930 年 スタイル・寸法・色・柄・素材まで』
- みすず書房、『ロマン・ロラン全集 第 24 巻』
- 山川出版社、『山川詳説世界史図録』(제 2 판)
- ヤマハミュージックメディア、『変革の魂、ベートーヴェン』

【WEB】

ベートーヴェンハウス、ベートーベン記念館(ハイリゲンシュタットの遺書の家)、神戸ファッション美術館

【영상】

『Beethoven Documentary - The Genius of Beethoven 1/3 "The Rebel"』BBC、『AMADEUS DIRECTOR'S CUT』ワーナー・ホーム・ビデオ、『IMMORTAL BELOVED (不滅の恋 / ベートーヴェン』ハピネット・ピーエム

이 책을 만든 사람들

- 감수: 히라노 아키라(HIRANO Akira)
- 표지 그림: 가마타니 유키(KAMATANI Yuhki)
- 본문 그림: 시마카게 루이아(SHIMAKAGE Ruia)
- 시나리오: 후나토 마사노부(슌케이 프로모션)(FUNATO Masanobu), 모로즈미 준카(MOROZUMI Junka)
- 북 디자인: 무시카고 그래픽스(musicagraphics)
- 교열: 에디트(EDIT), 가게하라 시호(KAGEHARA Shiho), 도이타 쓰토무(DOITA Tsutomu), 이마지카 카도카와 에디토리얼 교열부(PERSOL MEDIA SWITCH CO., LTD.), 바루 기획(Barukikaku Co.,Ltd.)
- 편집 협력: 바루 기획(Barukikaku Co.,Ltd.)

차별적 표현에 대하여

베토벤

절망 속에서도 음악을 포기하지 않았던, 위대한 작곡가

초판인쇄 2023년 02월 28일
초판발행 2023년 02월 28일

감수 히라노 아키라
표지 그림 가마타니 유키
본문 그림 시마카게 루이아
옮긴이 일본콘텐츠전문번역팀
발행인 채종준

출판총괄 박능원
국제업무 채보라
책임번역 가와바타 유스케
책임편집 권새롬
디자인 홍은표
마케팅 문선영 · 전예리
전자책 정담자리

브랜드 드루주니어
주소 경기도 파주시 회동길 230 (문발동)
투고문의 ksibook13@kstudy.com

발행처 한국학술정보(주)
출판신고 2003년 9월 25일 제406-2003-000012호
인쇄 북토리

ISBN   979-11-6983-050-8   14990
        979-11-6801-767-2   (세트)